Poesia Original

NA CARCAÇA DA CIGARRA

Espero que goste
destes versos,
Com um beijo da
Yari

Ago. 22

na carcaça da cigarra

TATIANA ESKENAZI

Poemas

1ª edição, São Paulo, 2021
LARANJA ● ORIGINAL

para Antonio

"todo ser é inacabado"
Primo Levi

sumário

verão   13

outono   27

t e m p o   s u s p e n s o   47

inverno   59

primavera   71

verão

era madrugada quando o alarme do celular tocou e você foi se barbear. eu ainda tinha uma hora de sono mas você ativou o modo soneca e deixou o telefone no closet enquanto ia ao banheiro. o alarme disparou e eu, ali deitada, esperei um pouco pra ver se você escutava e desligava. ele continuou tocando e acordou as crianças. tentei fingir que não era comigo e você seguiu fazendo a barba. eu comecei a te odiar, levantei e desliguei o alarme mas crianças já chamavam. pedi ao mais velho que esperasse e deitei com a mais nova até ela voltar a dormir. perdemos nossa última hora de sono, eu e o mais velho, e levantamos. eu fiquei te odiando por causa do modo soneca do celular e pensei que talvez tenha algo errado com a gente ou comigo ou com o ser humano. ou quem sabe o problema não esteja em nós mas no modo como vivemos e nas tantas faltas que sentimos vivendo na abundância. me perguntei pela milésima vez se dá pra ser feliz sendo feliz ou será que queremos mesmo a paz. hoje eu te odeio por um alarme, amanhã pela desatenção, pelo banheiro molhado, os sapatos espalhados ou a arrogância nas discussões. o que será que a gente quer, afinal? será que a gente para pra se perguntar no meio do caminho, e se pergunta, será que somos sinceros? foi então que lembrei do vídeo a que assisti antes de dormir e que me fez pensar que a vida pode ser longa demais e isso me deu um arrepio sombrio.

DESEJO

quero você
livre das
minhas garras

VINGANÇA

eu não vou contar a verdade
também não direi mentiras

falarei coisas que
talvez você não saiba
mas a verdade
descobrirá sozinha

como aconteceu comigo
quem sabe

e você também não dirá a ninguém
essas coisas que não se diz

em parte
por querermos guardar um
segredo que dói
em parte
por puro prazer

FAMÍLIA

o desejo de estar dentro e fora ao mesmo tempo

VAZIO

no fim do dia
o que fica
não são as risadas perdidas
no tilintar das taças
nem o gozo forjado na angústia
de não desejar

o que fica
é o silêncio rompido
pelo girar das chaves
e o barulho dos sapatos
no piso frio do apartamento
no fim do dia

ESTILHAÇOS

quando tudo voltar ao normal
não precisaremos mais olhar para isso

não falaremos do vaso estilhaçado
nem das flores murchas pelo chão

basta limpar tudo com cuidado
e recolher os cacos

sem nos cortarmos

há também de se embalar
os restos

evitar que outros se machuquem

quando tudo voltar ao normal
não precisaremos mais olhar para isso

ODE AOS ILETRADOS

que se dane a métrica
as palavras que desconheço
quero o lugar antigo
a ausência do saber

RESTA UM

de rosto em rosto a deslizar
com uma passada de dedo

de tantos tipos diferentes
todos iguais

(ou insuficientes)

por faltar isto ou aquilo
e não saber o quê

restou um

em nome dos velhos tempos
eu lhe peço
não me diga mais como
quando você quiser se divertir

não guie minhas mãos
pelo seu ventre
ainda são minhas as minhas mãos

mesmo que eu não as reconheça
percorrendo um corpo que já não
desejo

em nome dos velhos tempos
eu lhe peço
não insista

#sqn

desta vez é diferente

REPARAÇÃO

repara como ficam bem os móveis velhos
combinados a outros novos
algumas paredes tiveram de ser derrubadas
é verdade

abrir espaço no lugar estreito

novas pessoas chegaram com seus pertences
e nos acomodamos todos
confortavelmente

veja como é bonito
o modo com o qual nos misturamos
faltam alguns reparos
é claro

os cantos estão lascados

mas olhando assim
de fora
quase não se nota

outono

EQUINÓCIO

esta luz de outono
eu não sei o que ela quer me dizer
ela insiste em ser assim e parecer dizer algo
quem sabe bom, quem sabe
eu sei estou aqui, quem sabe
não estou nem aí

você liga do trabalho
me pede para fazer compras
eu parada minutos seguidos no meio do supermercado
sinto vontade de chorar e choro
enquanto penso se levo ou não verduras
será que vão acabar, será
que vão estragar
será que tem saída?
e choro

o atendente me oferece uma fatia de fruta
como se tudo normal
como se estivessem recebendo frutas
come que passa, come
antes que estrague

vago pelos corredores
as coisas rodam ao meu redor
será que faz sentindo
algo sem glúten em um momento desses?
coloco no carrinho tudo

o que jamais consumo

estamos paralisados
procuro alguém como eu mas
as pessoas parecem calmas
a não ser a mulher que veste uma calça de veludo preta
ela anda para lá e para cá
e eu fico feliz porque se ela resiste
talvez eu também consiga

meu cantor preferido toca ao fundo
porque quem sabe a dona
aquela mulher bonita que veste uma calça de veludo preta
desde o fim de semana passado
— mas ela pode ser apenas a gerente —
gosta do mesmo cantor que eu
e também está preocupada

escuto a música e canto mas não funciona
então penso que já está bom
não quero levar mais do que um carrinho, não quero
parecer egoísta, não quero
passar vergonha, não quero
desperdício
não quero passar por isso

talvez eu volte amanhã
ou todo dia até isto acabar porque
ver que o supermercado ainda respira me dá fôlego
e fica perto de casa
não gasto gasolina

na farmácia talvez eu consiga ir a pé
por que eu não escolhi um bairro mais amigável
aos pedestres ou às bicicletas, por que
eu não comprei uma bicicleta até hoje?

é só o começo dizem
teremos combustível
mas ainda vai piorar
um longo ano e o país dividido
e tem aquele amigo que está
achando tudo melhor
o trânsito e o ar
deveria ser sempre assim
diz meu amigo ciclista
uma grande indústria de plástico ele tem

saber que na farmácia ainda há remédio
me ajudará a dormir sem o remédio para dormir
o transporte público está garantido
e as escolas abrem amanhã mas
não tenho cabeça não
tenho esperança
melhor ficarmos em casa
todos juntos, todos
brincando e eu me lembrando como era bom
quando os problemas de verdade
eram dos nossos pais

A CIRURGIA DO MEU MELHOR AMIGO

neste instante
estão operando o meu melhor amigo
imagino a agulha que lhe penetra a pele
até encontrar sua veia
não deve ser difícil
tem boas veias o meu amigo

foi levado há pouco para o centro cirúrgico
talvez já inconsciente não perceba
que lhe cortam a carne
as muitas camadas até chegarem ao osso
serraram ao meio o fêmur
do meu melhor amigo

entre osso metal e cimento
reconstroem seu quadril
será preciso o enxerto ósseo
e uma ou duas transfusões
perde muito sangue
o meu melhor amigo

em alguns dias
o visitarei no hospital
ainda abatido e com dificuldade
caminhará ao meu lado
de muletas
é certo que perderemos as horas
e não as piadas
eu e o meu melhor amigo

QUANDO NÃO ESCREVO

eu não sei parar
de pensar
ou ter uma rotina de
escrita
escrevo mesmo
quando não escrevo
escrevo para fugir
dos leões que me cercam
durante a noite
escrevo enquanto dirijo
ou visto meus filhos
escrevo sem escrever
por falta de tempo ou
lugar adequado
meu modo de escrever é
inadequado a um
escritor
falta disciplina para
não pular uma página
sempre quis um teto
todo meu
um tempo todo meu
mas nunca
o que tive foi
este caderno
que divide suas páginas
com afazeres e listas de

tarefas intermináveis
pensamentos e
poemas

DEU NA MÍDIA

I.

não se fala de outra coisa
nas redes sociais
aconteceu em pleno deserto
em meio a ruínas ancestrais
a festa, como já era de se esperar
foi de cair o queixo
o menino de treze anos é
mais estrela do que pop star

convidados posam abraçados
festa ao fundo
seguranças em primeiro plano
amigas em selfie
algumas fazem biquinho
fotos dos looks
em frente ao espelho
do quarto de hotel

indescritível e inesquecível
adorei o convite! foi superrr
mais do que TOP!
foi épico! dias de muita
espiritualidade emoção e amizade
mais nos stories!
look: @marcaderoupa
desert chic feelings

II.

qual o impacto de uma festa milionária
feita por pais de um menino de treze anos
para este menino de treze anos
neste menino?

eu me pergunto

e se a festa milionária
além de milionária
for única?

será este menino também único?

como serão as festas de treze anos
dos irmãos mais novos deste menino?

pode mais de uma festa ser única?
e mais de um menino?

qual o impacto da exposição nas redes sociais
da festa milionária e única
do menino de treze anos
neste menino?

eu me pergunto

ÁUDIO CARTA

minha amiga
adorei seu áudio
desculpe não responder mais cedo
só pude escutá-lo agora

aqui são cinco horas a mais
você deve estar dormindo

chegamos bem
o apartamento é claro e silencioso
repleto de janelas
como você gosta

depois eu mando um vídeo pra você ver

tem razão, é o lugar mais ao norte no qual já estive
talvez por isso o vento sopre diferente e
a luz tenha outra angulação

a cidade parece flutuar
enquanto seus habitantes deslizam
tranquilamente
quase sorrindo
pelas ruas planas e quietas

é possível escutar os pássaros
mesmo na avenida mais movimentada do centro

bebemos água da torneira
é melhor do que a engarrafada
a água de todo o país tem de ser de
boa qualidade e
para todos

é assim pois eles exigem que seja
está escrito em um site

eles têm a menor desigualdade social do mundo
vagões de silêncio no trem
um ano de licença-maternidade para a mãe
e o pai

o dono do restaurante no qual almoçamos
disse que aqui estão todos descontentes com o
nosso presidente
eu respondi que sim, nós também

apesar de tudo
estamos bem-humorados e felizes
tivemos uma pequena discussão apenas
e fizemos as pazes alguns quarteirões depois

fomos a um museu mas não é o forte por aqui
fomos pois estava chovendo
o melhor mesmo é perder-se pelas ruas e bairros
um mundo como deve ser

gostaria que estivesse aqui
tomaríamos um café e visitaríamos bibliotecas

como daquela vez no país ao sul
o sol se pondo no mar que é prata

lembra?

DOZE DE OUTUBRO

hoje é um dia feliz
hoje é um dia triste

são tempos difíceis
de alguns ganhos e
muitas perdas

ainda há crianças nas ruas
e crianças longe dos seus avós

crianças que lavam as mãos
mais do que deveriam

crianças que têm nos salvado

a nós que
por vezes
lavamos as mãos

hoje é um dia feliz
hoje é um dia triste

DIÁRIO DO ADVERSO

parte I

segunda feira escura
tarde virou noite
cancela a reunião e a natação
vontade de nada
melhor ficarmos em casa
todos juntos
neste dia estranho

mais tarde as notícias
sobre a nuvem negra que
encobriu a cidade
a Amazônia em chamas
notícia velha
a novidade foi o
fenômeno climático
nos despertando em pleno dia

antes de dormir lemos o último capítulo da
história do mundo
desafios para o futuro
o nível do mar está subindo a cada ano
mamãe, vai ser bom ou ruim?
não, sei filho. vão ter coisas boas e ruins.
ainda bem que hoje só tem coisa boa acontecendo comigo, né mamãe?

*

entrei no Instagram do presidente
não dá pra olhar o Instagram do presidente

*

a secura na minha garganta virou
congestão nasal
ligaram da enfermaria da escola
meu filho com dor de cabeça

Nasa confirma os dados do Inpe
o governo só vai financiar filmes cujo temas aprovem

não sei mais em qual ano estamos

*

comentário do presidente sobre a primeira dama da França

jantar com amigas
mas o Macron também errou
pelo menos não é o Lula

nunca foi tão difícil manter antigas amizades

*

presidente aguarda pedido de desculpas
eu não sei o que pensar

*

acordei com enxaqueca
a luz me incomoda
o filho da Josie bateu a cabeça

o câmbio
o banco central
os professores
a Amazônia em chamas

nada de novo

*

dor no punho
passei a semana procurando minha órtese perdida
não consigo mais escrever à mão

PIB subiu no último trimestre

passeamos pelo bairro, eu e a Josie, observando as casas
ela nunca terá a oportunidade de morar em um bairro assim
arborizado, com casas enormes
poderia ser arborizado, com casas pequenas
mas não terá

encontrei a órtese na poltrona da varanda
costumo tirá-la para fumar

*

acordo incomodada por sonhos recorrentes
recebo a notícia de que prenderam assaltantes dentro do
prédio de Sapopemba
não aconteceu nada
não temos que fazer nada
só estão comunicando
prenderam dois assaltantes que se esconderam naquele
abandono
não vejo a hora de passarmos a responsabilidade
ela disse

Presidente diz que vai rever as terras indígenas
que é muita terra pra índio
governo não vai mais demarcar
você não acha que é muita terra pra índio, não?

somos todos responsáveis

parte II

maritacas me acordaram cedo
sou a histérica que não deixa o filho se pendurar no andaime
da obra
— meu pai bateu a cabeça em uma obra —
não sei quem sou diante de certas pessoas
as quais não entendo
que estão otimistas com relação ao mundo
e acreditam que a tecnologia nos salvará
que são otimistas com relação à economia

e dizem que vai dar certo
o presidente atrapalha um pouco com suas declarações

hoje eu não li as notícias
estou em um mundo onde elas não chegam
mas onde a grama também está seca
assim como nossas gargantas

*

o tempo virou e as maritacas estão caladas
penso em certas pessoas do passado
talvez o problema fosse apenas o fato de que
éramos as pessoas erradas
será que todos temos essas pessoas erradas do passado?
vejo seus posts e penso, como?
como?

parte III

é cedo
a neblina cobre o topo dos edifícios do alto da lapa

ex governador do Rio é preso

encosto o carro em um local seguro para anotar uma ideia
um caminhão enorme tira uma fina de mim

noto que os ipês brancos floresceram de um dia para o outro

como fazem todos os anos antes da primavera

um bem-te-vi canta na minha janela

todas as notícias novas são velhas

tempo suspenso

existe um momento que precede um ato do destino, um instante exato, em que ainda é possível interceder. se ele nos passa despercebido, somos, invariavelmente, vítimas do acaso. é como se uma máquina gigantesca, com o poder de condução de todas as mínimas variáveis, funcionasse a todo vapor para que, a partir dali, o cenário final esteja montado. eu notei este momento se aproximar e hesitei, por um longo tempo, sabendo que o último instante, a partir do qual não haveria mais volta, tornava-se iminente. senti minha pulsação intensificar-se, e depois a de todos ao meu redor e nas proximidades. escutei os passos se aproximando, vindos de diferentes direções. não me movi. assisti, como um telespectador, a grande máquina trabalhar. escutei os ruídos da sua engrenagem anunciando que já não havia mais tempo e, sentindo a respiração falhar, ensurdeci. o tempo, então, parou.

neste ano chove
uma chuva branca
e silenciosa

chove e renasço
para outras
possibilidades

não faço planos
abraço o
desconhecido

neste ano chove
e a garoa fina
me lembra
que é preciso dizer

a garoa fina
me lembra
que é preciso
habitar

quanto tempo leva habitar a casa?

neste ano chove
não uma chuva forte
uma garoa fina
em um dia branco

o cheiro do mato
e a garoa fina

me lembram
que eu não disse
eu te amo

é preciso dizer eu te amo antes que tudo se acabe

nossa vida comum está
interditada
e eu em
outro lugar

a chuva engrossa
e eu posso dizer
eu te amo
agora que não podemos
nos ver

neste ano chove
e o barulho das folhas
e o cheiro do mato
me lembram

é preciso habitar
novos lugares
é preciso fazer
de novos lugares
a casa

ESSES DIAS

tem esses dias em que sentimos falta
sem saber do quê

não lembramos do protetor solar
nem da maquiagem
já não importam as manchas

deixamos as notícias
no jornal intocado
vestimos qualquer roupa

esquecemos a data
a agenda e o calendário
dias em que nada

como se fôssemos saqueados
durante a noite
e não lembrássemos

então passamos o dia procurando
sem saber o quê

SONHOS RECORRENTES

a casa está cercada por leões
e os banheiros não funcionam

não consigo chegar ao meu destino
nem discar o número no telefone

os mortos não morreram
estavam apenas viajando ou
escondidos

esqueci um cadáver no armário

nunca paro de cair

O HOMEM GIGANTE

jamais desvendarei os mistérios
do homem gigante
sua cabeça voltada para baixo
imóvel e estável
como uma grande árvore

nunca saberei o que se passa
dentro dele
a camisa levemente aberta
e seu olhar de escudo

nem que eu abrisse seu peito
e desmontasse suas partes
uma a uma
nem assim eu saberia

e se tivesse acesso aos seus pensamentos
mais profundos
através de uma grande tela quântica
ainda assim
não seria possível decifrá-los

quando caminha
às vezes lento como se cansado
em outras rápido mesmo que sem pressa
não temos certeza para onde vai

mas às vezes ele para

como quem se lembra de algo
ergue a cabeça
fixa o olhar
e seus lábios se movem lentamente

observo ansiosa por suas palavras
e chegam a mim baixas
tão baixas
que mal consigo escutar o que diz
o homem gigante

PEQUENO POEMA DE AMOR

ainda nos encontramos
em meus sonhos e
é sempre saudade

PRESSÁGIO

tenho um sino
guardado
no peito

quando tocado
vibra
às vezes golpeia
incessante

me alerta de algo
que ainda
não sei

em dois mil e vinte
eu queria ser
uma mosca

sobrevoar ruas vazias
entrar em casas desconhecidas
tocar pessoas

testemunhar os últimos momentos
de um homem só
e o lamento distante de seus familiares

invadir parques desertos
e escutar seus sons
pela primeira vez

ser sua única companhia

se em dois mil e vinte
eu fosse uma mosca

inverno

A MORTE NA ESQUINA

no corpo estranho
em um exame de rotina

na colisão entre a pressa
e a desatenção

na falha humana ou
explosão do motor

no tiro certeiro e na
bala perdida

num sono profundo e
no desejo de sair de cena

a morte na esquina

BIO

a variável x no meu rg
talvez
o que não estará escrito no meu
epitáfio

A BOA MORTE

bom mesmo
deve ser morrer
de cansaço

#tbt

o pintinho brinde
da feira de cães e gatos
quando não morria pisoteado
pela irmã mais nova
crescia e tinha que
d e s a p a r e c e r

O DIA EM QUE ENTERROU A INFÂNCIA

o caixão preto fechado
com uma estrela desenhada na tampa
não combinava com a criança
do lado de fora

nem o barulho da terra na madeira

a mãozinha na pá
a pá na terra
a terra em queda
uma, duas, três vezes

todo caixão é oco

domingo tranquilo. já pelo almoço abro o whatsapp e vejo uma mensagem sobre a morte da fernanda. é fake new, respondo. vi seus posts antes de dormir, estava ótima. abro o instagram, o facebook, o google. não é fake new. fernanda morreu. já está sendo velada. não entendo. recapitulo. mas não era pra ser assim, era? imagino seu corpo dentro de um caixão. sua pele tatuada, linda. como estará vestida? penso que eles não podem enterrá-la assim tão rápido. ainda é cedo. não enterrem a fernanda. ela pode mudar de ideia. penso em seus livros, todos. penso em mim. eu queria ser fernanda. mas eu não quero perder o ar agora. a noite se aproxima e penso em como dormir sabendo que ela já não existe. fernanda agora está enterrada e seu último stories segue disponível por mais algumas horas.

AMANHÃ

o bloco de notas não estará vazio
quando a morte chegar

nem o carro lavado
a roupa passada
e as contas agendadas

quando a morte chegar
estarei atrasada
para algum compromisso
inadiável

não terei tempo de deixar
aquela procuração
faltará resolver
o cartão bloqueado
(ou renovar o visto)

e no dia seguinte
o despertador vai tocar
se ninguém desligar

DESENLACE

eu não quero partir agora
ele diz
em um dos cada vez mais
esparsos
momentos de lucidez

quer voltar para o lado de cá
e me olha como quem
pede socorro
mesmo sabendo
impossível

seus olhos estão amarelos
seguro sua mão
como se pudesse puxá-lo desse
rio profundo no qual
submerge

aos poucos
desenlaçamos os dedos
posso imaginar
o mundo do lado de fora
vozes já tão distantes

as vezes morrer é afundar
lentamente

DO QUE ESTOU FALANDO

de chamar seu nome
em voz alta
só pra imaginar
como seria

ALTO DA LAPA

os raios de sol
das sete e trinta
na manhã de outono
descem em diagonal
por entre os edifícios do
alto da lapa

se expandem ao avistar
o cemitério
iluminando a névoa
da manhã fria
por cima das lápides

os raios de sol
das sete e trinta
conduzem o olhar dos transeuntes
que passam pela avenida veloz
como uma grande lanterna
e apontam
o destino final

primavera

uma cidade
recolhida
não é
uma cidade
em escombros

seus muros firmes
abrigam a espera
dentro dos
portões fechados

calçadas vazias
calam a saudade
do burburinho
dos bares

tapumes guardam
os parques
que vão se encher
na primavera

uma cidade
recolhida
não é
uma cidade
em guerra

DO QUE ESTAMOS FALANDO QUANDO FALAMOS DE UMA POLTRONA?

pedi a cinco mulheres
que me encaminhassem uma fotografia
de um objeto ou lugar
que as remetam a uma ausência.
pedi também que escrevessem
em poucas palavras
qual essa ausência e por que a imagem a evoca.
fiz o pedido pelo whatsapp
e todas me responderam em menos de vinte a quatro horas.
todas tiveram dúvidas com relação ao comando.
expliquei que o comando era o que elas entendessem como tal.

1.
a primeira a encaminhar
perguntou se poderia ser uma fotografia
do trabalho de um artista
algo sem relação direta com ela
eu disse que sim
e ela encaminhou esta imagem

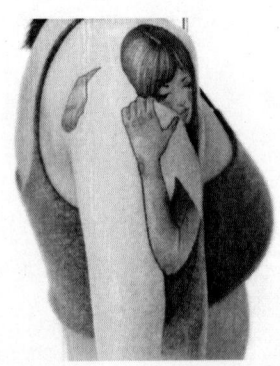

escreveu apenas
saudade
explicou que a imagem era o que melhor representava o comando
na opinião dela
eu entendi que era o que melhor representava uma saudade que talvez ela sinta
olhando pela primeira vez
de relance
antes de clicar na mensagem e ampliar a foto
achei que se tratava de uma mulher grávida
confundi os seios com uma barriga
ainda assim
a imagem me pareceu um tanto maternal

2.
a segunda fez algo parecido com a primeira
elas são irmãs
minhas irmãs
mas não sei se faz diferença

ela escolheu fotografar o antigo piano
nunca conseguimos nos desfazer dele

era da nossa mãe
mas escreveu
lembrança da nossa infância

fizemos aulas de piano quando éramos crianças
nenhuma de nós ainda sabe tocar
ao ampliar a imagem notei
o retrato da nossa mãe
apoiado do lado esquerdo

3.
a terceira mulher encaminhou uma fotografia
tirada assim sem pensar
em uma escapada rápida até a varanda
durante uma visita ao apartamento do pai
após a partida dele

ela escreveu
a primeira vez que vi, sem ele, a vista que meu pai tinha do terracinho do oitavo andar, onde morava, de onde me esperava chegar, de onde esperava que fosse embora (olhando pra baixo, eu pra cima). rua mourato coelho, entre a teodoro e a cardeal. março de

2017.
impossível não notar as nuvens alinhadas com os prédios
e imaginar seu pai na varanda olhando pra baixo
ela na calçada olhando pra cima
um aceno de despedida

4.
a quarta é a mais velha das cinco
e de quem eu esperava algo
relacionado a ausência
de um dos muitos familiares e amigos
que já partiram
me surpreendeu com a seguinte imagem

e escreveu
*quase sempre lembrança é saudosismo. esse é um dicionário de 1950
que me faz lembrar as dezenas de vezes que eu consultava para poder
aprender a escrever e entender as palavras, em uma época na qual
não havia computador nem google.*

me fez pensar
quem sabe

com o passar dos anos
todas as ausências se juntem
e deem lugar a apenas uma grande saudade
de um tempo que não volta

5.
a quinta e última
encaminhou quatro imagens
a primeira é uma poltrona
e a princípio
me lembrou o saudosismo do dicionário

poltrona que escolhemos em família, há mais de vinte anos, para uma casa construída e projetada, com muito amor, por todos nós.

fiquei imaginando de qual ausência exatamente ela está falando

as outras três imagens
referem-se assumidamente

a uma mesma pessoa
então escolhi apenas uma delas
a última

hoje seus gabaritos desenham uma das mais lindas lembranças que tenho de você. quando criança, me lembro de acordar no meio da noite e ver você trabalhando, desenhando seus projetos, suas obras de arte! Pai, arquiteto de corpo e alma.

então compreendi
que as quatro imagens
tratam da mesma ausência
do pai

isso me fez voltar
à primeira imagem
da primeira mulher
e entender que
ao confrontarmos nossas

faltas
elas podem vir disfarçadas de
poltrona
piano
dicionário
um endereço ou
até mesmo
algo sem relação direta conosco
mas que melhor represente
este comando

Arthur chegou
e nos dá
boas-vindas

obrigada, Arthur
por não desistir de nós

quando soube que você viria
reencontrei a alegria
— você não viria se não valesse a pena —

perdoe a bagunça
e os nossos excessos
já não sabemos como voltar

você que vem do futuro
nos conte
como será o seu mundo
traga notícias de lá

Arthur chegou
e é ele
quem nos recebe

BIOGRAFEMA

quando eu tinha sete anos
viajei pra Foz do Iguaçu
com meus pais e irmãs

uma longa viagem de carro
parando em cidades das quais
não me lembro

o hotel era cor de rosa
e avestruzes passeavam
pelos jardins

recordo de poucas coisas
entre elas
do conjunto de canetas coloridas
comprado no Paraguai

fiquei encantada com ele
levava pra cima e pra baixo
até que deixei cair ao me debruçar
na represa de Itaipu

quando eu tinha sete anos
meu pai me deu sua câmera
e pediu que eu fotografasse
o arco-íris que se forma
na garganta do diabo

aquela foi a minha primeira
fotografia

ao completar quarenta anos
retornei a Foz do Iguaçu
com meus filhos e irmãs

uma viagem rápida de avião
em um voo sem
escalas

nos hospedamos no mesmo hotel
ainda cor de rosa
agora sem avestruzes

fiquei encantada
com o som incessante
das águas
em um movimento que nunca para
pedi ao meu filho de sete anos
que fotografasse
o mesmo arco-íris
na garganta do diabo

as fotografias ficaram
parecidas
o fluxo contínuo
como em um rolo de filme
que nunca acaba

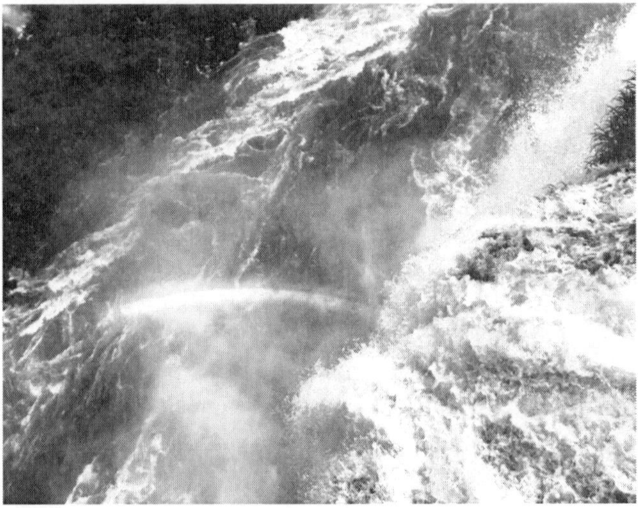

(DES)CAMINHOS

sou todos aqueles
os quais me tornei
desejando ser outros

RECEITA PARA UM RETRATO DE FAMÍLIA

um retrato de família encerra
em si
infinitas possibilidades

NOVAS URGÊNCIAS

talvez seja apenas cansaço
esse desinteresse

talvez nada disso importe
e a jornada seja sobre
outra coisa

que não está jornais
nem nunca esteve

CLAREIRA

caminho como quem procura
não um atalho
sequer a saída
mas a clareira onde
ao pé de uma árvore
descansarei

vou pelo caminho fechado
o cheiro de mato
o som dos insetos
poucos feixes de luz

não fujo da morte
peço aos meus pés
que me levem
onde nao ouso

ao abandono do que sou
e ao encontro do que serei

NA CARCAÇA DA CIGARRA

é fevereiro e não terminei o meu livro de poemas
não terminei e talvez nunca termine
o meu livro de poemas se chamava o diário do adverso
e mudei para a morte na esquina
— mudei no dia em que vi o cadáver estirado na esquina
próximo à minha casa —

pouca coisa foi feita deste ano até aqui
não terminei o meu livro e talvez nunca termine
ainda mais agora que estamos confinados
e os planos suspensos

o tempo passa e não termino o meu livro de poemas
não termino pois o adverso persiste
e a morte segue à espreita
estamos trancafiados e os planos desfeitos

é inverno e já não penso em terminar o meu livro
ainda mais agora que nos acostumamos a ficar em casa
como as ninfas da cigarra
esperando até voltar à luz do sol

chegamos em outubro e
talvez ele se transforme em outra coisa
abandone a casa e cante alto e profundo
um grito de desespero ou liberdade
como cantam as cigarras ao final

quando sobram apenas os ovos e as carcaças
os restos de tudo que persiste e espera
numa busca incansável até aqui
o oco, o fim

Venha, meu coração está com pressa
Quando a esperança está dispersa
Só a verdade me liberta
Chega de maldade e ilusão
Venha, o amor tem sempre a porta aberta
E vem chegando a primavera
Nosso futuro recomeça
Venha, que o que vem é perfeição

Legião Urbana, "Perfeição"

agradecimentos

este livro foi escrito durante o período entre
as eleições presidenciais de dois mil e dezoito
e o início do segundo ano da pandemia do coronavírus

agradeço a todos aqueles que
de alguma forma
foram importantes para mim neste momento de tantas adversidades

ao Eduardo, pelo amor e parceria
à Amanda e à Juliana, minhas companheiras nesta vida
ao Mario, por termos conseguido e chegado até aqui
aos meus filhos, Pedro e Clara, por me ensinarem, todos os dias, o amor
à Esther Milstein por ser minha referência
e à Gabriela Aguerre e à Vanessa Morita pela amizade inabalável

agradeço também a todos aqueles que
de alguma forma
contribuíram para a existência destes escritos

a Marília Garcia, Rodrigo Petronio, Tarso de Melo e tantos outros grandes escritores
e poetas com os quais tive a honra e o prazer de aprender
à Gabriela Aguerre, mais uma vez, e à Fernanda Rodrigues pelas leituras
e ao Filipe Moreau por acreditar nestes versos e lançá-los ao mundo

posfácio

O INÍCIO DA PRIMAVERA

Rodrigo Petronio

Para narrar as marcas vivas da guerra, Georges Didi-Huberman parte das cascas das bétulas. A partir delas reconstrói uma surpreendente etimologia de casca (*écorce*) a partir do latim *scortea*, "casaco de pele". Viver o trauma como uma pele viva-morta. Um abrigo tecido de milhares de peles alheias, meditadas e sentidas. Não por acaso os gregos associavam o corpo (*soma*) a uma escrita-morte (*sema*). A dupla vinculação de vida-morte na textura de cada tecido vivo eternizado em texto.

Assim também a cigarra se despede da casca. O canto é, ao mesmo tempo, vazio e casa. Aqui a palavra não é a casa do ser, como queria Heidegger. O nada é que reveste o poema como morada. A escrita sulca a folha em branco. Cava clareiras. Abre trincheiras para a vida. Não é mais guerra, mas guerrilha, microscópica, que nunca acaba.

A poesia intui o sopro sibilino da voz dos mortos, embaralha-os e os recodifica. Demarca o retorno dos mortos que não se foram ou o destino incerto dos que vivem e buscam, com suas lanternas, o "destino final". Afinal, os mortos não morreram, estavam apenas "viajando ou escondidos". O poema nasce desses cacos. Resta-nos a utopia de ao menos não nos cortarmos.

Este livro de Tatiana Eskenazi é feito de elipses, fissuras, rasgos e incisões, na carne e nas palavras. A dicção seca nos obriga a mastigar cada verbo, cada sílaba, cada som. Um a um, em um voo ao rés do chão. Tentamos aterrissar a nossa dor em algum corpo. Habitar uma ferida segura. Furar as infinitas membranas reais e virtuais que nos isolam. Em vão. Ao mesmo tempo visceral e cortante, a escrita de Tatiana vive justamente desse paradoxo. Quanto mais incisiva a dor, mais cru deve ser o modo de dizê-la.

Nesta *waste land*, os vasos se quebram, as paredes têm de ser derrubadas, a Amazônia queima enquanto os cirurgiões reconstroem o quadril do melhor amigo, "entre osso metal e cimento". Seguindo os passos de seu primeiro livro, *seu retrato sem você* (2018), a ausência marca o passo de cada poema. É o signo faltante que também paradoxalmente nos humaniza: consciência de nossas infinitas distâncias. Porque, ainda que "todas as ausências se juntem" e "deem lugar a apenas uma grande saudade", ainda assim essa pode ser uma possibilidade de partilha.

O casaco-casca das palavras-cigarras (aparentemente) nos protege. Adensa-se em camadas. Blinda o corpo contra a brutalidade. Mas também inviabiliza e aniquila o amor, dissolvido em um alarme de celular e em outros microgestos. A imunização não se completa. Mas, afinal, o que é a poesia senão um colapso deliberado de imunização? Ao escrever, a poeta renuncia à facilidade de dizer, à covardia de ignorar ou ao escapismo de racionalizar a dor.

O corpo-fenda caminha assim por uma cidade sitiada. Poroso e aberto, quase chora enquanto escolhe verduras no supermercado. Perscruta feito mosca as microvidas, compartilhadas e divididas. Traz inscrito em si a morte alheia: peles sobre peles. E o arrepio de saber que a vida "pode ser longa demais".

Essa fatalidade não se restringe à oclusão ou aos diversos dispositivos de blindagem que nos cercam. Nasce de uma liberdade que, de tão o leve, assemelha-se ao vazio. Como diria Drummond: os ferozes leiteiros do mal, os ferozes padeiros do mal. O peso do mundo. A leveza do mundo. O peso dessa leveza. Quando um presidente banaliza a tragédia, hipoteca a vida e sequestra nossa última esperança: a possibilidade de elaborar o luto e de sentir a morte em todas as suas camadas. Nesse sentido, embora seu escopo transcenda a especificidade dos anos em que foi escrito, o livro de Tatiana é de saída um dos relatos mais densos sobre a experiência da pandemia.

A escrita de Tatiana se situa em um espectro singular de linguagem da poesia contemporânea. Atida a modulações as mais cotidianas, a viagens de carro a cidades de que não se lembra e a outras pequenas sutilezas. O arco cotidiano entretanto é tensionado por uma premissa que atravessa o livro: o ponto de não retorno. A sensação de que a poeta chegou (e chegamos) a um caminho sem volta.

Ilude-se o leitor que tudo é fatalidade nessa poesia. A estrutura do livro em estações acentua os ciclos da vida. A pele, maior órgão do corpo humano, tem imensa capacidade de regeneração. Quando a morte chegar e sobrarem apenas "os ovos e as carcaças" das cigarras, o canto ainda deve ecoar em meio aos "restos de tudo que persiste e espera". Esse estado de expectação é redentor. E quando a morte chegar, "o bloco de notas não estará vazio". O poema transcende o lugar e as cicatrizes de seu nascimento. E todas as crostas, cascas, carcaças e carapaças tendem a se romper com o início da primavera.

ÍNDICE

verão
era madrugada quando... 15
desejo 16
vingança 17
família 18
vazio 19
estilhaços 20
ode aos iletrados 21
resta um 22
em nome dos velhos tempos 23
#sqn 24
reparação 25

outono
equinócio 29
a cirurgia do meu melhor amigo 32
quando não escrevo 33
deu na mídia 35
áudio carta 37
doze de outubro 40
diário do adverso 41

t e m p o s u s p e n s o
existe um momento... 49
neste ano chove 50
esses dias 52
sonhos recorrentes 53
o homem gigante 54

pequeno poema de amor   56
presságio   57
em dois mil e vinte   58

inverno
a morte na esquina   61
bio   62
a boa morte   63
#tbt   64
o dia em que enterrou a infância   65
domingo tranquilo   66
amanhã   67
desenlace   68
do que estou falando   69
alto da Lapa   70

primavera
uma cidade   73
do que estamos falando quando falamos de
  uma poltrona?   74
Arthur chegou   81
biografema   82
(des)caminhos   86
receita para um retrato de família   87
novas urgências   88
clareira   89
na carcaça da cigarra   90

agradecimentos   95

posfácio   97

TÍTULOS DESTA COLEÇÃO

Quadripartida
PATRÍCIA PINHEIRO

couraça
DIRCEU VILLA

Casca fina Casca grossa
LILIAN ESCOREL

Cartografia do abismo
RONALDO CAGIANO

Tangente do cobre
ALEXANDRE PILATI

Acontece no corpo
DANIELA ATHUIL

© 2021 por Tatiana Eskenazi
Todos os direitos desta edição reservados à Laranja Original

www.laranjaoriginal.com.br

Editor Filipe Moreau
Projeto gráfico Marcelo Girard
Produção executiva Bruna Lima
Diagramação IMG3

Dados Internacionais de Catalogação na Publicação (CIP)
(Câmara Brasileira do Livro, SP, Brasil)

Eskenazi, Tatiana
　Na carcaça da cigarra / Tatiana Eskenazi. --
1. ed. -- São Paulo : Laranja Original, 2021. --
(Coleção poesia original)

ISBN 978-65-86042-19-1

1. Poesia brasileira I. Título. II. Série.

21-70343　　　　　　　　　　　　　CDD-B869.1

Índices para catálogo sistemático:

1. Poesia : Literatura brasileira B869.1

Cibele Maria Dias - Bibliotecária - CRB-8/9427

Laranja Original Editora e Produtora Eireli
Rua Capote Valente, 1198
05409-003 São Paulo SP
Tel. 11 3062-3040
contato@laranjaoriginal.com.br

Papel Pólen Bold 90 g/m² / Novembro 2021